Alles Sichtbare auf dieser
Welt steht unter dem
Schutz eines Engels

Augustinus von Canterbury

Für Skye, Merrick und Sedona – J.C.
Für Megan, Ben, Emma, Julia und Rory – O.W.

Die englische Originalausgabe erschien 2000 bei
Barefoot Books, 124 Walcot Street,
Bath BA1 5BG, Großbritannien,
unter dem Titel *A Child's Book of Angels*
text copyright © 2000 by Joanna Crosse
illustrations copyright © 2000 by Olwyn Whelan

The moral right of Joanna Crosse and Olwyn Whelan to be identified as the
author and illustrator of this work has been asserted

Aus dem Englischen von Yutta Klingbeil

1. Auflage 2004
ISBN 3-89102-472-x
© für die deutsche Ausgabe 2004:
Eulen Verlag GmbH, München
www.eulenverlag.de

ALS JAGO SEINEN ENGEL FAND

EINE ENTDECKUNGSREISE
IN DIE WELT DER ENGEL

JOANNA CROSSE
OLWYN WHELAN

Eulen Verlag

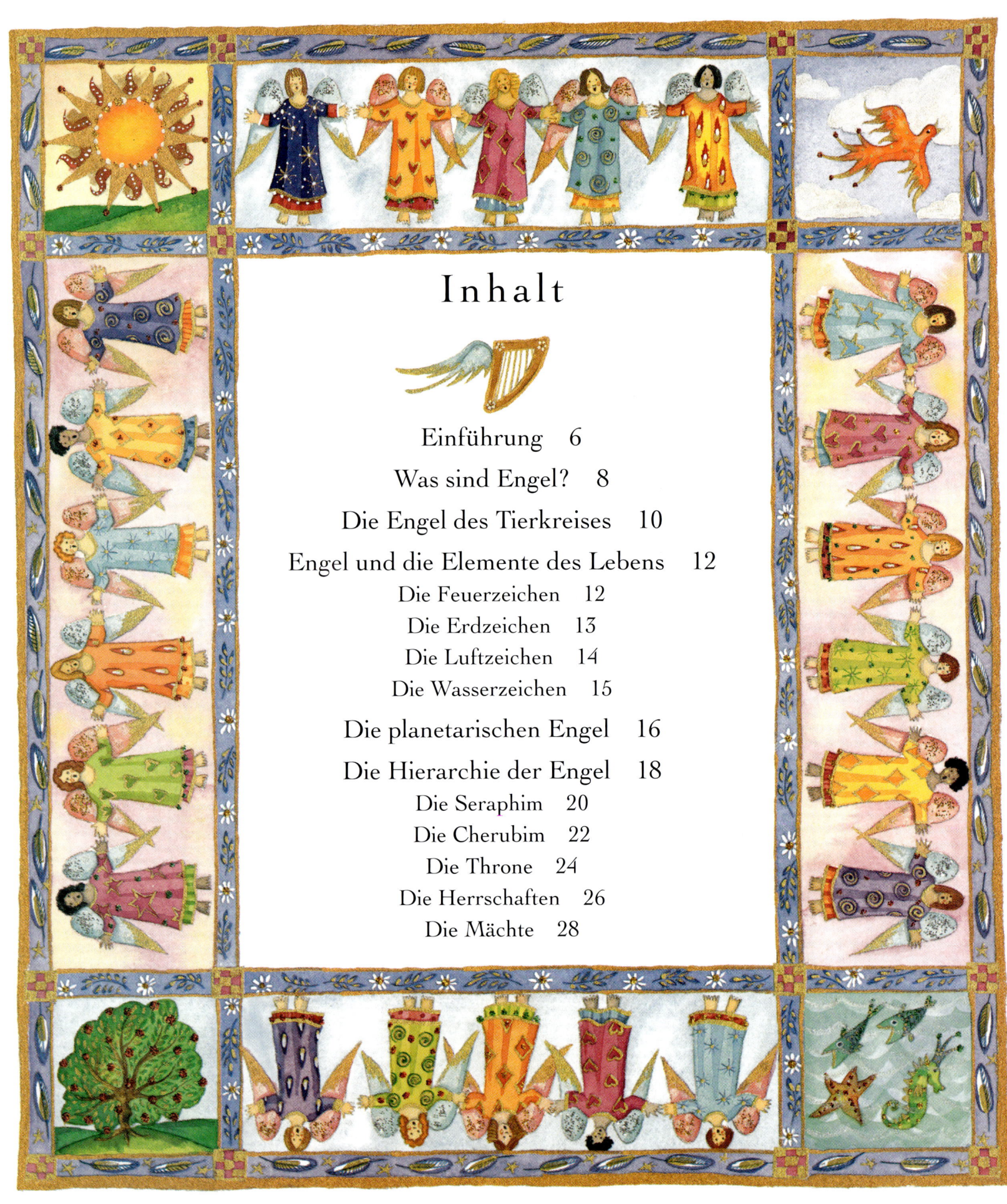

Inhalt

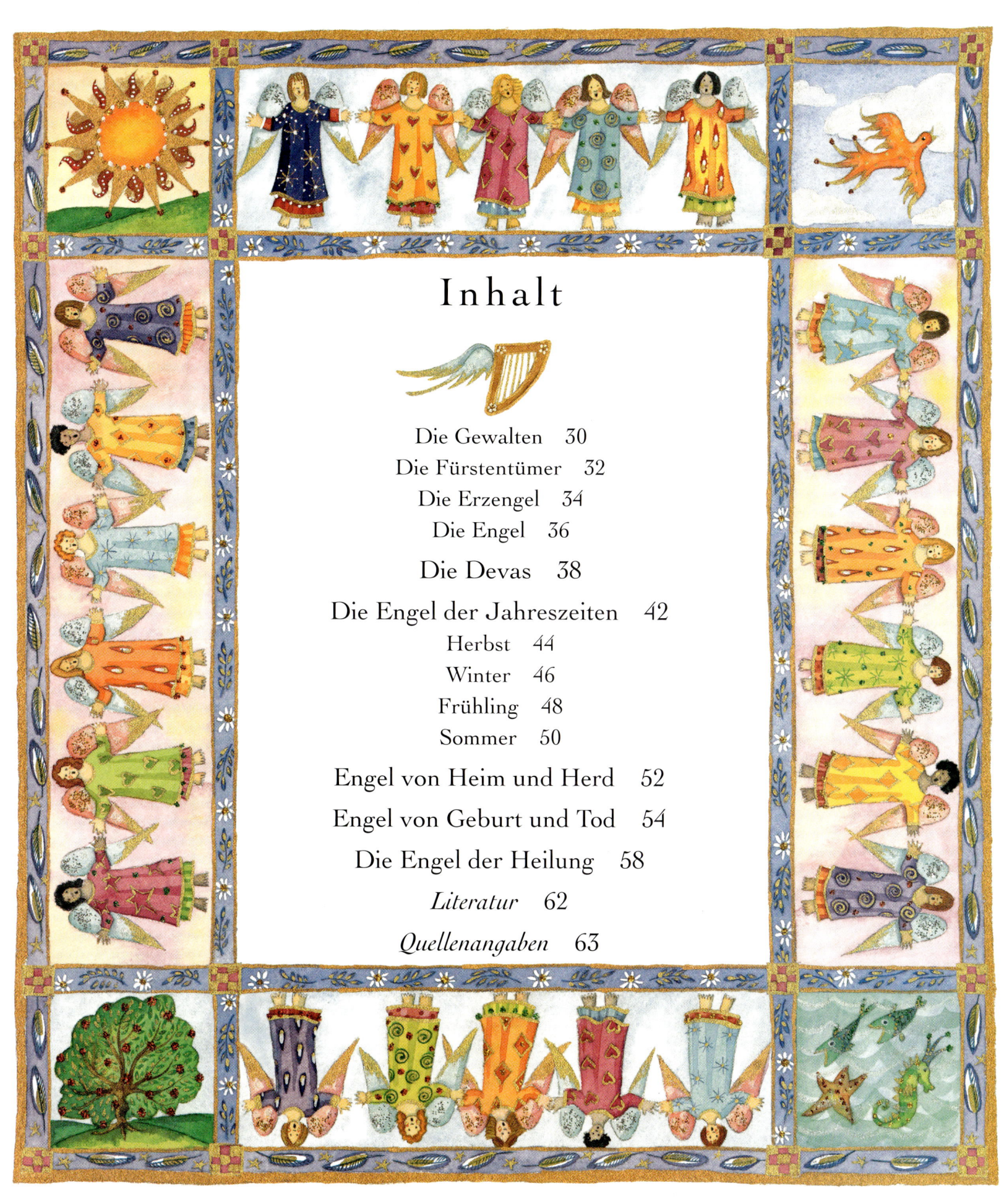

Inhalt

Einführung

Menschen haben schon seit Anbeginn der Zeit an Engel geglaubt. Das Wort »Engel« stammt von dem griechischen Wort angelos ab, was »Bote« bedeutet. Seit eh und je glauben Menschen, dass Engel ihnen Botschaften überbringen, um ihnen in Zeiten der Not zu helfen. Manche glauben auch an Schutzengel, die sich um alle Lebensformen auf der Erde und im gesamten Kosmos kümmern.

Es gibt viele berühmte Geschichten von Engeln, die als Boten aufgetreten sind. Sie erscheinen Menschen oft im Traum, aber manchmal werden sie für uns auch im Wachzustand sichtbar. Eines der berühmtesten Beispiele dafür ist die Erscheinung des Erzengels Gabriel vor Maria, um ihr anzukündigen, dass sie die Mutter von Jesus werden würde.

Engel zeigen sich dem Menschen jedoch nicht immer als Gestalten mit Flügeln in wundervollen Gewändern. Ein Engel kann sich auch durch ein Gefühl, eine Farbe, einen Laut oder einen Geruch bemerkbar machen. Sogar Gedanken und Worte können von Engeln stammen, die dir sanft eine Botschaft überbringen wollen. Hast du schon einmal »aus heiterem Himmel« eine Idee gehabt und dich dann gewundert, wo sie hergekommen ist? Vielleicht war es die Stimme eines Engels? Ob du dir dessen bewusst bist oder nicht, Engel sind immer um dich herum, und wenn du Hilfe oder einen Rat brauchst, erhältst du von ihnen genau die Botschaft, die dir in diesem Augenblick weiterhilft.

Auf der ganzen Welt haben Künstler, Schriftsteller, Musiker oder auch ganz einfache Menschen schon versucht, die Begegnung mit einem Engel zu beschreiben. Auf deiner Reise durch dieses Buch, die du zusammen mit Jago und seinem Schutzengel Muriel machst, wirst du nur einige der verschiedenen Engel kennen lernen, die alle Teil unseres Kosmos sind. Wie jung oder alt du auch sein magst – ich hoffe, dass dir die folgenden Seiten die strahlende Gegenwart der Engel in deinem Leben immer bewusster machen werden.

Joanna Crosse

An der Seite eines jeden Menschen,
Der auf Erden geboren wird,
Nimmt ein Schutzengel seinen Platz ein,
Um ihn durch die Mysterien des Lebens zu führen.

Menander von Athen

Was sind Engel?

»Was sind Engel?«, fragte Jago, während er in sein Bett kletterte.

»Weißt du, Jago, es gibt alle möglichen Engel, mehr als wir uns jemals vorstellen können«, sagte seine Mutter. »Und jeder von uns hat einen Schutzengel, den er bei seiner Geburt bekommen hat. Dieser Engel bleibt das ganze Leben über an unserer Seite.«

»Ich habe noch nie einen Engel gesehen«, seufzte Jago. »Vielleicht habe ich ja gar keinen.«

»Viele von uns würden ihren Schutzengel wahrscheinlich gar nicht erkennen, wenn er sich zeigen würde. Außerdem, Jago, es macht überhaupt nichts, dass du ihn nicht sehen kannst – das Wichtigste ist, dass du weißt, dass du einen hast.«

Damit gab sie Jago einen Gutenachtkuss, knipste das Licht aus und schloss die Zimmertür hinter sich.

Jago wälzte sich hin und her in seinem Bett und fragte sich, ob er überhaupt einschlafen könnte und, wenn ja, ob er wohl wieder einen Albtraum bekommen würde.

»Wo bist du nur, Schutzengel? Wie siehst du aus? Hast du einen Namen?«, fragte sich Jago verwundert.

Als er langsam in diesen Zustand zwischen Wachsein und Schlafen eintauchte, bekam er plötzlich das Gefühl, als ob noch jemand im Raum wäre.

Jago öffnete die Augen. Genau vor ihm, am Fußende seines Holzbetts, saß das allerschönste Wesen, das er jemals gesehen hatte!

»Hallo, Jago, nun, weißt du nicht, wer ich bin?«, fragte der Engel.

Jago war sprachlos.

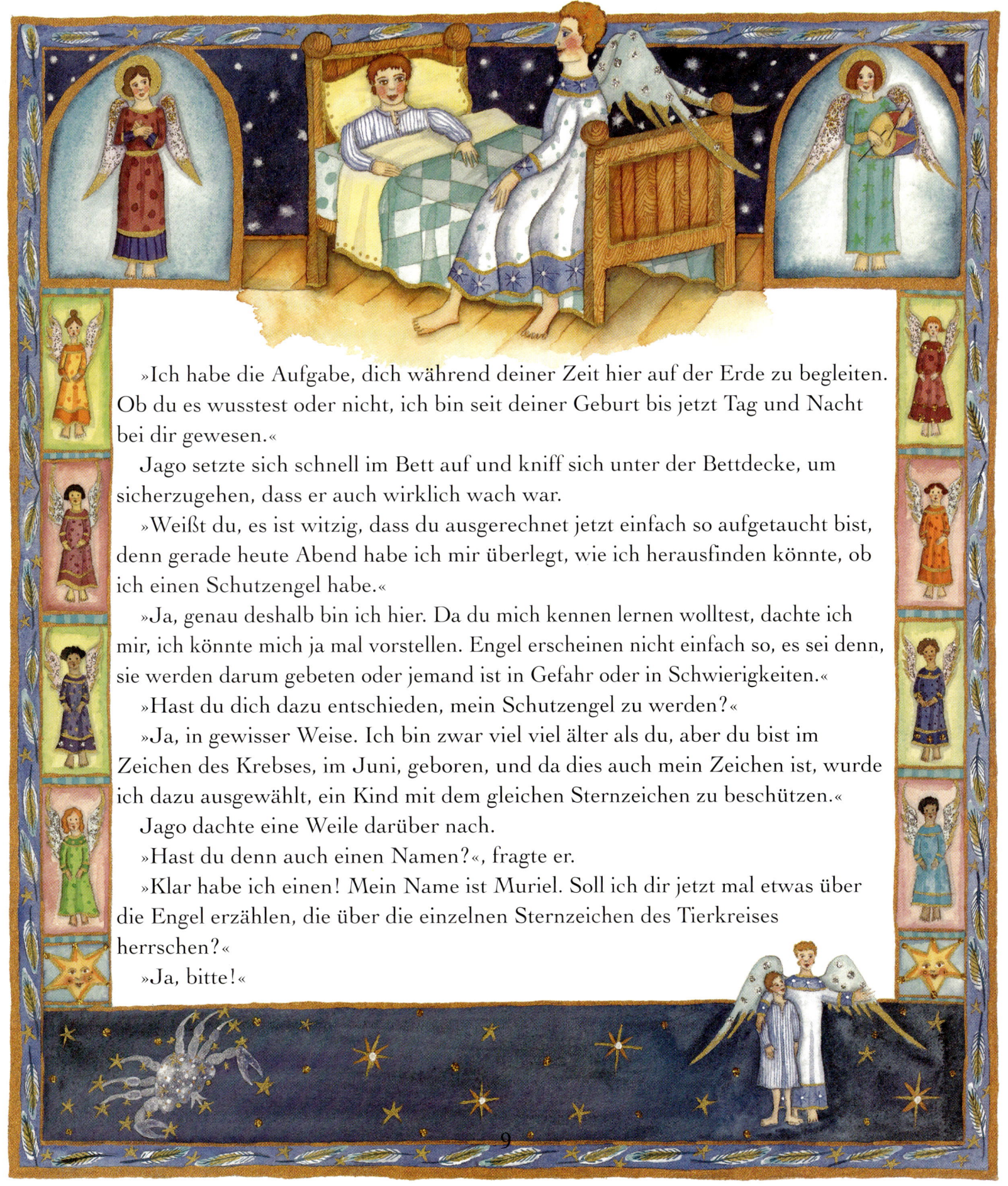

»Ich habe die Aufgabe, dich während deiner Zeit hier auf der Erde zu begleiten. Ob du es wusstest oder nicht, ich bin seit deiner Geburt bis jetzt Tag und Nacht bei dir gewesen.«

Jago setzte sich schnell im Bett auf und kniff sich unter der Bettdecke, um sicherzugehen, dass er auch wirklich wach war.

»Weißt du, es ist witzig, dass du ausgerechnet jetzt einfach so aufgetaucht bist, denn gerade heute Abend habe ich mir überlegt, wie ich herausfinden könnte, ob ich einen Schutzengel habe.«

»Ja, genau deshalb bin ich hier. Da du mich kennen lernen wolltest, dachte ich mir, ich könnte mich ja mal vorstellen. Engel erscheinen nicht einfach so, es sei denn, sie werden darum gebeten oder jemand ist in Gefahr oder in Schwierigkeiten.«

»Hast du dich dazu entschieden, mein Schutzengel zu werden?«

»Ja, in gewisser Weise. Ich bin zwar viel viel älter als du, aber du bist im Zeichen des Krebses, im Juni, geboren, und da dies auch mein Zeichen ist, wurde ich dazu ausgewählt, ein Kind mit dem gleichen Sternzeichen zu beschützen.«

Jago dachte eine Weile darüber nach.

»Hast du denn auch einen Namen?«, fragte er.

»Klar habe ich einen! Mein Name ist Muriel. Soll ich dir jetzt mal etwas über die Engel erzählen, die über die einzelnen Sternzeichen des Tierkreises herrschen?«

»Ja, bitte!«

Die Engel
des Tierkreises

»Das Wort ‚Tierkreis' bedeutet ‚Kreis des Lebens'.
Alles, was auf der Erde geschieht,
was Pflanzen, Tiere und auch Menschen erleben,
wird immer von der Bewegung der Sternbilder
und Planeten am Himmel bestimmt.
Die Sternbilder sind Gruppen von Sternen.
Viele Menschen berechnen die Zeit in Jahren.
Ein Jahr ist die Zeit, die die Sonne braucht,
um durch die zwölf Hauptsternbilder zu wandern;
und jedes einzelne dieser Sternbilder hat
ganz besondere Eigenschaften.
Die Sternbilder heißen auch ‚Tierkreiszeichen',
und jedes davon steht unter dem Schutz
eines bestimmten Engels.«

WIDDER
21. März -
20. April
Machidiel

STIER
21. April -
21. Mai
Asmodel

ZWILLING
22. Mai -
21. Juni
Ambriel

KREBS
22. Juni -
23. Juli
Muriel

LÖWE
24. Juli -
23. August
Verchiel

JUNGFRAU
24. August -
23. September
Hamaliel

WAAGE
24. September -
23. Oktober
Uriel

SKORPION
24. Oktober -
22. November
Barbiel

SCHÜTZE
23. November -
21. Dezember
Adnachchiel

STEIBOCK
22. Dezember -
20. Januar
Haniel

WASSERMANN
21. Januar -
19. Februar
Gabriel

FISCHE
20. Februar -
20. März
Barchiel

11

Engel und die Elemente des Lebens

»Jedes Tierkreiszeichen wird von einem der vier Elemente regiert: Erde, Luft, Feuer und Wasser. Diese Elemente entscheiden über die Eigenschaften der Engel, die für ein bestimmtes Zeichen zuständig sind, und auch für die der Menschen, die von ganz bestimmten Engeln beschützt werden.«

Die Feuerzeichen

»Die Feuerzeichen stehen unter dem Schutz des Erzengels Michael. Es sind die Zeichen Widder, Löwe und Schütze.«

Aries, der Widder
21. März - 20. April
Der Widder ist ein leiden-schaftliches Zeichen. Widder lieben Abenteuer und sprühen über vor Ideen; sie haben oft viel Mut, sind dynamisch und ehrgeizig.

Leo, der Löwe
23. Juli - 23. August
Löwen sind großzügig, begeisterungsfähig und sehr liebe-voll. Sie sind außerordentlich kreativ und haben oft viele ver-schiedene Interessen. Löwen können hervorragende Führungs-persönlichkeiten sein.

Sagittarius, der Schütze
23. November - 21. Dezember
Diejenigen, die unter diesem Zeichen geboren sind, sind fröhliche und optimis-tische Menschen. Sie genießen Heraus-forderungen und können Langeweile nicht ertragen. Ihnen ist es wichtig, den Sinn des Lebens zu erforschen.

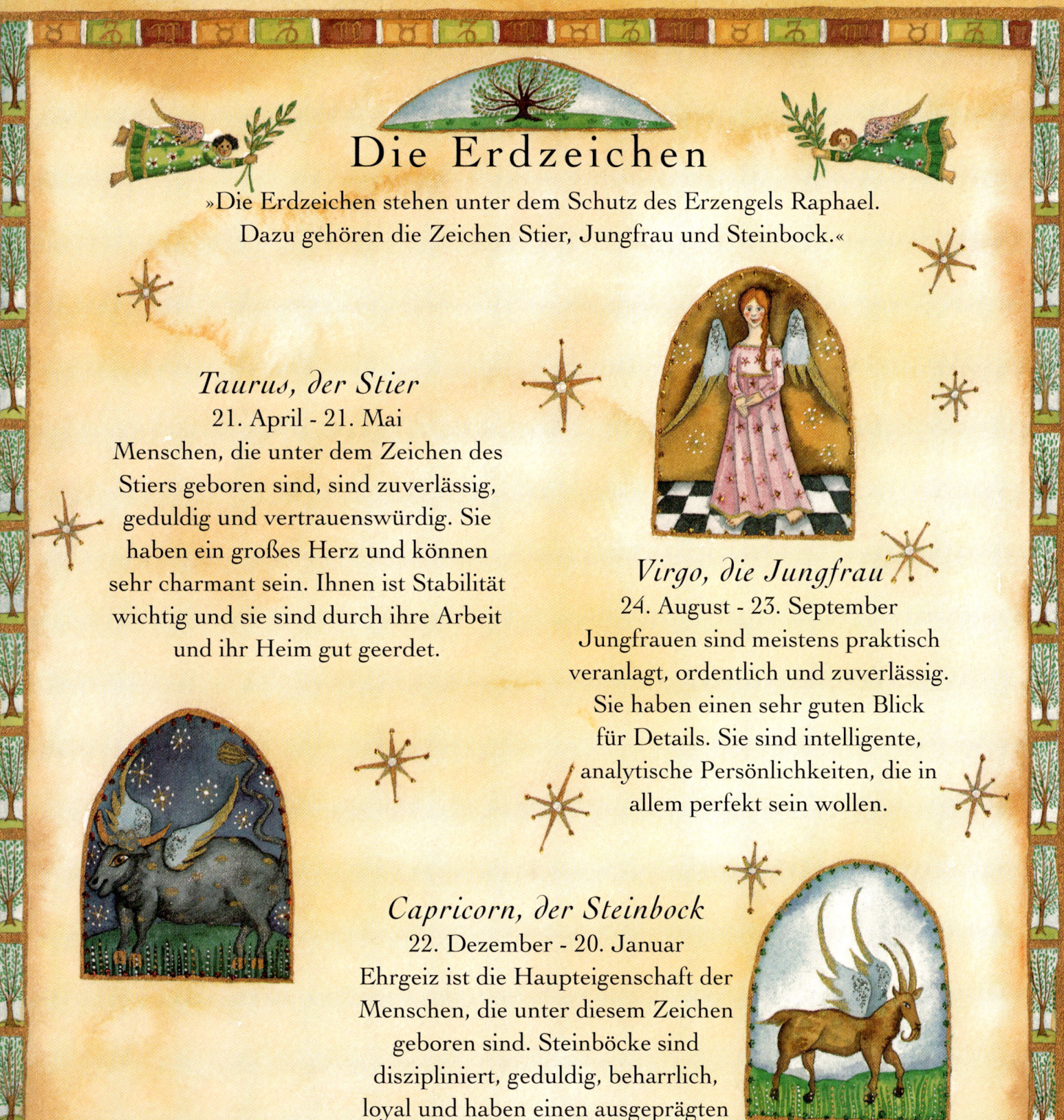

Die Erdzeichen

»Die Erdzeichen stehen unter dem Schutz des Erzengels Raphael.
Dazu gehören die Zeichen Stier, Jungfrau und Steinbock.«

Taurus, der Stier
21. April - 21. Mai

Menschen, die unter dem Zeichen des
Stiers geboren sind, sind zuverlässig,
geduldig und vertrauenswürdig. Sie
haben ein großes Herz und können
sehr charmant sein. Ihnen ist Stabilität
wichtig und sie sind durch ihre Arbeit
und ihr Heim gut geerdet.

Virgo, die Jungfrau
24. August - 23. September

Jungfrauen sind meistens praktisch
veranlagt, ordentlich und zuverlässig.
Sie haben einen sehr guten Blick
für Details. Sie sind intelligente,
analytische Persönlichkeiten, die in
allem perfekt sein wollen.

Capricorn, der Steinbock
22. Dezember - 20. Januar

Ehrgeiz ist die Haupteigenschaft der
Menschen, die unter diesem Zeichen
geboren sind. Steinböcke sind
diszipliniert, geduldig, beharrlich,
loyal und haben einen ausgeprägten
Sinn für Humor.

Die Luftzeichen

»Die Luftzeichen stehen unter dem Schutz des Erzengels Uriel.
Es sind die Zeichen Zwillinge, Waage und Wassermann.«

Gemini, die Zwillinge
22. Mai - 21. Juni

Menschen, die unter dem Zeichen
der Zwillinge geboren sind,
können leicht mit anderen
Menschen in Kontakt kommen.
Sie sind geistreich und durch ihre
natürliche Vielseitigkeit können sie
sich schnell an neue
Situationen anpassen.

Libra, die Waage
24. September - 23. Oktober

Waagen sind oft gesellig und charmant.
Sie haben ein starkes Gerechtigkeits-
empfinden und neigen zur
Unentschlossenheit, weil sie stets beide
Seiten einer Sache sehen. Ihr größtes
Bedürfnis ist es, im Leben Frieden und
Ausgeglichenheit zu schaffen.

Aquarius, der Wassermann
21. Januar - 19. Februar

Wassermänner helfen gerne anderen
Menschen. Sie sind dem Leben gegenüber
positiv gestimmt und haben einen
ausgeprägten Sinn für Unabhängigkeit.
Sie lieben das Dramatische, was sie
auch gerne im täglichen Leben
spielerisch einsetzen.

Die Wasserzeichen

»Die Wasserzeichen stehen unter dem Schutz des Erzengels Gabriel.
Es sind die Zeichen Krebs, Skorpion und Fische.«

Cancer, der Krebs
22. Juni - 22. Juli
Krebse sind empfindsam und intuitiv.
Sie neigen zu Stimmungsschwankun-
gen und machen sich oft unnötige Sorgen. Sie sind jedoch sehr fürsorglich
und geben hervorragende Eltern ab.

Scorpio, der Skorpion
24. Oktober - 22. November
Der Skorpion hat viel Kraft und Leiden-
schaft und ist ein Zeichen mit großer
Entschlossenheit. Skorpione stehen gerne im
Wettbewerb und fühlen sich oft durch die
Erfolge anderer Menschen motiviert.
Sie genießen das Leben in vollen Zügen und
müssen darauf achten, ihre Energien im
Gleichgewicht halten.

Pisces, der Fisch
20. Februar - 20. März
Fische sind sensibel, freundlich und
fürsorglich. Sie haben eine starke
Intuition und werden von anderen
oft als verträumt angesehen. Sie
können so sehr damit beschäftigt
sein, auf die Menschen um sie
herum zu achten, dass sie die
Entdeckung ihres eigenen Potenzi-
als vernachlässigen.

Die planetarischen Engel

»Es ist wie ein Puzzlespiel, das sich ständig bewegt, oder?«, fragte Jago.

»So könnte man sagen, aber es gibt sehr viel mehr Teile, als wir – ob Engel oder Sterbliche – jemals zusammensetzen könnten. Die Engel des Tierkreises sind sehr wichtig, da sie die verschiedenen Aspekte der Energie darstellen, die jedem Lebewesen seine einzigartige Persönlichkeit verleihen. Aber es gibt noch viele andere Ordnungssysteme in der Engelwelt. Bist du bereit für ein Abenteuer?«

Jago nickte etwas nervös. Im nächsten Augenblick flog er ganz hoch am Himmel neben Muriel. Das war so einfach, als ob er sein Leben lang nichts anders getan hätte.

»Ich werde dich jetzt mit ein paar Engeln bekannt machen, die in eurem Sonnensystem leben und dir helfen, dich besser zurechtzufinden.

Schau, dort ist eines der Sternbilder, von denen ich dir gerade erzählt habe. Es ist der Schütze!«

»Aber wie wurden denn die Sterne und Planeten geformt?«, wollte Jago wissen.

»Nun, das ist keine leichte Frage. Keiner weiß das so genau, also lass uns lieber mit dem anfangen, was wir wissen. Die Sonne spielt die Hauptrolle für alle Lebensformen auf der Erde, denn ohne ihr Licht und ihre Wärme gäbe es kein Leben. Der zunehmende und abnehmende Mond beeinflussen das Wachstum der Pflanzen und die Gezeiten auf den Weltmeeren. Der Planet, auf dem du lebst, ist nur einer von den neun Planeten in eurer Milchstraße, die sich um die Sonne drehen. Es gibt aber noch viele andere Planeten und Milchstraßen im Universum – weit mehr, als du und ich uns jemals vorstellen können.«

Die Hierarchie der Engel

»Jetzt wirst du etwas über die Hierarchie der Engel lernen«, verkündete Muriel.

»Klingt ja wie in der Schule«, murmelte Jago. »Ich dachte, Engel wären alle gleich und würden nur unterschiedliche Aufgaben haben.«

»Oh, nein«, antwortete Muriel. »Wir müssen hier oben doch auch irgendeine Ordnung haben, genauso wie auf der Erde. Sonst gäbe es ein heilloses Durcheinander im Himmel. Fangen wir von oben an!«

»Na gut«, schluckte Jago, der langsam etwas nervös wurde. Aber im gleichen Augenblick hörte er die wunderschönen Klänge, die ihm auch sofort Tränen in die Augen trieben.

»Was ist das?«, fragte er völlig verwundert. Muriel schaute ihn an und lächelte.

»Komm, ich werde dich mit den Seraphim und Cherubim bekannt machen«, antwortete er.

Die Seraphim

»Die Seraphim, deren Name ‚Feuermacher'
bedeutet, können viel mehr als Musik machen. Ihre bezaubernde Musik ist nur der
hörbare Klang ihrer Arbeit, wenn sie dem
Schöpfer dabei helfen, Liebe und Licht
durch andere Engelhierarchien zu allen
Lebewesen auf der Erde fließen zu lassen.
Ihr Oberhaupt ist Uriel.

Wo strahlende Seraphim in einer Reihe aus Flammen
Laut ihre hochgehaltenen Engelstrompeten blasen
Und die Cherubimschar in tausend Chören
Ihre nie verstummenden Harfen mit den goldenen Saiten streichen,
Mit den gerechten Seelen, die Siegelpalmen tragen,
Andächtige Hymnen und heilige Psalmen
Bis in alle Ewigkeit singen.

John Milton

Die
Cherubim

»Die Cherubim, deren Name, voller
Weisheit' bedeutet, sind die Stimmen der
göttlichen Weisheit. Sie sorgen dafür,
dass die Gesetze des Universums einge-
halten werden. Das Gesetz der göttlichen
Liebe besagt, dass ihr andere für das
lieben sollt, was sie sind. Das Gesetz der
Einheit besagt, dass ihr Menschen
seelisch alle eins seid, ganz gleich, wie ihr
aussehst oder wo ihr herkommt. Das
Gesetz des Karmas besagt, dass alles, was
ihr tut, auch jeder Gedanke, den ihr
denkt, sich auf euch selbst und auf den
anderen Menschen auswirkt. Das
Oberhaupt der Cherubim ist Jophiel.«

Schau, wie der Himmelsgrund
Dick eingelegt ist mit Platten lichten Goldes,
Und nicht der kleinste Kreis, den du da siehst,
Der nicht in seinem Umlauf wie ein Engel singt,
Im Chor der ewig jungäugigen Cherubim –
Und solche Harmonie
Ist in unsterblichen Seelen.[1]

William Shakespeare

23

Die Throne

»Diese Gruppe von Engeln werden ‚Throne‘ genannt. Sie kümmern sich darum, dass die göttliche Gerechtigkeit immer gewahrt und die kosmische Harmonie erhalten bleibt. Sie sind die Friedensstifter, die dabei helfen, die Trennung zwischen der sichtbaren und der unsichtbaren Welt zu überwinden. Ihr Oberhaupt heißt Japhkiel. Die Seraphim, Cherubim und Throne bilden zusammen die erste Sphäre der Engel.«

24

Rund um unsere Kissen wachsen
goldene Leitern empor,
Engel kommen und gehen
Mit geflügelten Sandalen
Aus den unendlichen Sphären
des Himmelreichs.

Richard Henry Stoddard

25

Die Herrschaften

»Die Herrschaften sind die erste Ordnung in der zweiten Sphäre der Engel. Sie erhalten ihre Anweisungen von den Engeln der ersten Sphäre, die du gerade kennen gelernt hast. Die Herrschaften haben die Aufgabe, den Dienst der jüngeren Engel zu überwachen. Sie stellen sicher, dass alles im Universum nach den kosmischen Gesetzen abläuft. Ihr Oberhaupt ist Zadkiel. Die Herrschaften arbeiten mehr auf der geistigen Ebene und mischen sich kaum in weltliche Dinge ein.«

Ganz still erblühten,
Einer nach dem anderen,
In den unendlichen Wiesen des
Himmels, die lieblichen Sterne,
Die Vergissmeinnicht der Engel.
Henry Wadsworth Longfellow

27

Die
Mächte

»Nach den Herrschaften kommen die Mächte. Diese Engel sind besonders hell und leuchtend, wie du sehen kannst, und sie werden deshalb auch ‚die Strahlenden‘ genannt. Sie sorgen dafür, dass Wunder geschehen und dass den Menschen, die vergessen haben, wer sie wirklich sind, Gnade und Mut zuteil werden. Manchmal vergessen Menschen einfach, dass sie all die Hilfe bekommen können, die sie brauchen, wenn sie nur darum bitten. Das Oberhaupt der Mächte ist Haniel.«

Denn er hat seinen Engeln befohlen,
dass sie dich behüten auf allen deinen Wegen,
dass sie dich auf den Händen tragen,
und du deinen Fuß nicht an einen Stein
stoßest.[2]

Psalm 91, 11-12

Die Gewalten

»Diese Engel sind die Gewalten. Sie bewachen den göttlichen Plan und wehren böse Geister ab. Wenn Menschen Kraft brauchen, um sich durchzusetzen oder eine unangenehme Situation aufzulösen, ohne aggressiv zu werden, können sie die Gewalten anrufen. Ihr Oberhaupt ist Raphael. Die Herrschaften, die Mächte und die Gewalten bilden zusammen die zweite Sphäre der Engel.«

Gastfrei zu sein vergesst nicht;
Denn dadurch haben einige ohne ihr Wissen
Engel beherbergt.[3]

Hebräer 13,2

31

Die Fürstentümer

»Die dritte Sphäre der Engel umfasst die Fürstentümer, die Erzengel und die Engel. Die Fürstentümer machen ihrem Namen alle Ehre, indem sie den Engeln unter ihnen mit gutem Beispiel vorangehen und in Übereinstimmung mit den höchsten Werten leben. Sie kümmern sich um den Planeten Erde, um seine Länder und Städte. Wie die Menschen haben auch Staaten und Städte bestimmte Schutzengel. Wenn du in einer fremden Stadt bist und dich verlaufen hast, kannst du den zuständigen Engel darum bitten, dir den richtigen Weg zu zeigen.«

Danach sah ich vier Engel
stehen an den vier Ecken der Erde,
die hielten die vier Winde
der Erde fest, ...[4]

Offenbarung 7,1

33

Die Erzengel

»Nach den Fürstentümern kommen die Erzengel. Genauso wie du den Engel eines Ortes um Hilfe bitten kannst, kannst du auch einen Erzengel anrufen. Es gibt verschiedene Erzengel mit unterschiedlichen Aufgaben.«

Michael
ist ein Beschützer und
Wächter, der den Menschen
hilft, das Böse zu bekämpfen.

Gabriel
ist ein Bote und
Überbringer von guten
Nachrichten.

Uriel
ist der Engel der Prophezeiung,
der den Menschen hilft, ihre
Kreativität zu entfalten und ihr
Wissen an andere zu vermitteln.

Haniel
ist der Hüter
der Liebe.

Metatron
ist der Engel, der dabei hilft,
die Verbindung zwischen
dem Menschen und dem
Göttlichen herzustellen.

Auriel
ist der Engel der Nacht
und der Beschützer
der Erde.

Raziel
ist der Hüter der
inneren Weisheit und
der Geheimlehren.

Die Engel

»Wenn es alle diese Engel um uns herum gibt, warum können wir sie auf der Erde nicht sehen?«, wollte Jago von Muriel wissen.

»Nun ja, es gibt Leute, die ihre Engel schon sehen oder fühlen können. Aber auch wenn du sie nicht spüren kannst, musst du einfach wissen, dass sie immer da sind.«

»Was für Engel beschützen denn die Erde?«

»Ah!«, sagte Muriel. »Genau dorthin wollte ich dich als Nächstes bringen.«

»Oh, ich will aber gar nicht zurück nach da
unten«, sagte Jago. »Hier oben gefällt es mir viel
besser.«

»Keine Sorge«, antwortete Muriel, »wenn du
erst einmal die Engel und die Wesen kennen gelernt hast, die eng mit den Menschen auf der Erde
zusammenarbeiten, wird das Leben auf der Erde
viel spannender und magischer für dich sein.«

Und damit flogen sie schnell wie ein Pfeil
durch den Nachthimmel zum Planeten
Erde zurück.

Die Devas

»Alles auf der Welt entspricht einem Plan oder einer bestimmten Form. Die Engel haben die Aufgabe, dafür zu sorgen, dass alles sich so entwickelt, wie es sollte, im Einklang mit den Jahreszeiten. Dafür brauchen sie Hilfe, deshalb arbeiten sie mit den Devas zusammen, was so viel wie ‚die Leuchtenden‘ bedeutet. Gemeinsam mit ihnen beschützen sie Berge, Flüsse, Seen, Wälder und Felder. Diese Devas haben viele Helfer, wie etwa Feen, Elfen, Heinzelmännchen, Sylphen und Undinen. Überall auf der Erde gibt es Feen, die unsichtbar zur Erhaltung des Lebens beitragen. Es liegt in der Verantwortung des Menschen, ob er mit diesen Devas und Engeln zusammenarbeiten will. Wenn Menschen jedoch zu gierig werden, schaden sie diesen Kräften. Daraus entsteht ein Großteil der Unzufriedenheit, die auf eurem Planeten vorherrscht.«

»Bäume waren schon immer für ihr tiefes Wissen und ihre große Kraft bekannt, da viele von ihnen schon sehr alt sind und die Weisheit der Erde in sich tragen. Sie werden deshalb gut von den Devas bewacht. Und wie Menschen haben auch Bäume ihre eigenen Schutzgeister.«

Engel am frühen Morgen
Im frischen Tau zu sehen sind,
Sich bückend, pflückend, lächelnd, fliegend –
Gehören ihnen die Knospen?

Engel in der Sandwüste zu sehen sind,
Wenn die Sonne am heißesten brennt,
Sich bückend, pflückend, lächelnd, fliegend,
vertrocknet die Blumen, die sie davontragen.

Emily Dickinson

41

Die Engel
der Jahreszeiten

Mit einem Flügelschlag flog Jago zusammen mit Muriel direkt auf saftige grüne Hügel zu. Als sie näher kamen, tauchte vor ihnen eine Öffnung auf und sie schwebten durch einen schmalen Tunnel in die Tiefe – in einen wunderschönen, duftenden Garten. Er war voller blühender Bäume und Blumen, durch die sich ein kleiner Bach schlängelte. Die Vögel schienen hier noch lieblicher zu zwitschern als anderswo und überall im Garten flogen Schmetterlinge und Bienen herum, die Nektar sammelten. Muriel lächelte, als er sah, wie Jago die Devas jeder einzelnen Pflanze und Blume voller Bewunderung betrachtete.

»Die meiste Zeit seid ihr Menschen euch der unsichtbaren Welt voller Helfer in euren Gärten, auf

Feldern und Wiesen wahrscheinlich gar nicht
bewusst. Es gibt kein einziges Blatt, das nicht
von einem Engelwesen beschützt wird.«
»Warum gibt es auf der Erde verschiedene
Jahreszeiten?«, fragte Jago.
»Nun, die Jahreszeiten entsprechen den Kreis-
läufen von Geburt, Leben und Tod – dieser
Kreislauf ist in der gesamten Schöpfung gleich«,
erklärte Muriel.
»Gibt es denn auch Schutzengel für Frühling,
Sommer, Herbst und Winter?«
»Ja, die gibt es, Jago. Komm, lass uns zu ihnen
gehen.«

Herbst

»Der Schutzengel für den Herbst
ist Erzengel Michael. Er beschützt
das Element Feuer.

Michael hilft den Bauern bei der Ernte.
Er ist der Engel des Mutes und der Kraft. Er
hilft den Menschen dabei, eine reiche Ernte
für ihre harte Arbeit zu bekommen und sich
über das Vollbrachte zu freuen.«

Winter

»Erzengel Gabriel ist zuständig für die Wintermonate.
Er ist nicht nur ein Überbringer guter
Nachrichten, sondern steht auch für alle Feste,
die im Winter gefeiert werden.

46

Mit seiner Hilfe kann die Erde ihr Gleichgewicht
zwischen Herbst und Frühling erhalten.
Als Erzengel der Wahrheit und des inneren Wissens
fördert er das Wachstum der Keime im dunklen
Schoß des Erdreichs. Gabriel ist der Herr des Mondes
und sein Name bedeutet ‚Mann Gottes'.«

47

Frühling

»Der Schutzengel des Frühlings
ist Erzengel Raphael, der für seine
Heilkräfte bekannt ist.

48

Sein Element ist die Erde und sein Name
bedeutet ‚Gott hat geheilt'. Raphael hilft den
Sprösslingen von Blumen und Pflanzen,
durch die Erde ans Licht zu dringen;
er steht auch für den Baum des Lebens. Er ist der Wächter
und Beschützer von allen Pflanzen, ob groß oder klein.«

49

Sommer

»Der Schutzengel des Sommers ist Erzengel Uriel.
Musik und Kunst stehen ebenso
unter seinem Schutz. Sein Element ist die Luft.
Der Name Uriel bedeutet ,Licht'.

Uriel ist der Hüter des Karmas und sorgt dafür,
dass wir das ernten, was wir gesät haben.
Uriel hilft den Menschen auch dabei, ihre Fröhlichkeit zu leben,
genauso wie er den Blumen, Pflanzen und Bäumen hilft,
in der Sommersonne Sommer zu blühen.«

Engel von
Heim und Herd

Als Jago bemerkte, dass er über die Schornsteine seines Elternhauses flog, war er plötzlich ganz enttäuscht. Sollte die Reise mit Muriel etwa schon zu Ende sein?

Da er Jagos Gedanken lesen konnte – wie das Engel so an sich haben –, lachte Muriel.

»Keine Angst, Jago, ich habe dir noch mehr zu zeigen. Wir sind hierher zurückgekommen, weil ich dir einen ganz besonderen Engel vorstellen möchte. Er ist schon direkt hinter dir.«

Der Junge drehte sich um und war sprachlos. Auf dem Dach des Hauses, direkt über dem Fenster seines Zimmers, saß ein leuchtender weiß gekleideter Engel mit dem allersüßesten Lächeln, das er je gesehen hatte.

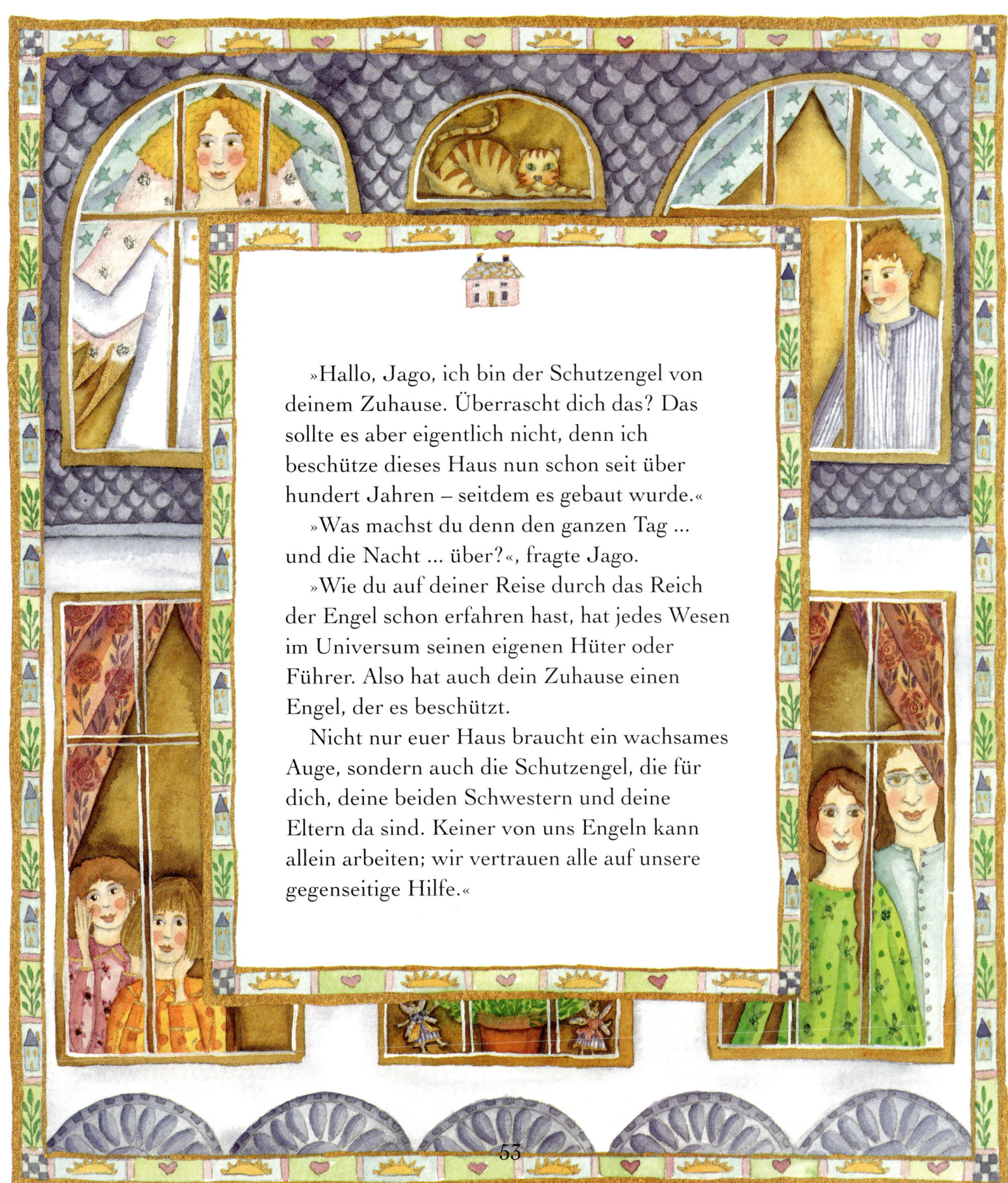

»Hallo, Jago, ich bin der Schutzengel von
deinem Zuhause. Überrascht dich das? Das
sollte es aber eigentlich nicht, denn ich
beschütze dieses Haus nun schon seit über
hundert Jahren – seitdem es gebaut wurde.«

»Was machst du denn den ganzen Tag ...
und die Nacht ... über?«, fragte Jago.

»Wie du auf deiner Reise durch das Reich
der Engel schon erfahren hast, hat jedes Wesen
im Universum seinen eigenen Hüter oder
Führer. Also hat auch dein Zuhause einen
Engel, der es beschützt.

Nicht nur euer Haus braucht ein wachsames
Auge, sondern auch die Schutzengel, die für
dich, deine beiden Schwestern und deine
Eltern da sind. Keiner von uns Engeln kann
allein arbeiten; wir vertrauen alle auf unsere
gegenseitige Hilfe.«

Engel von
Geburt und Tod

»Willst du noch irgendetwas wissen?«, fragte
Muriel, als er sich neben Jago auf das Dach
setzte.

»Es gibt da etwas, was ich gerne fragen
möchte, aber es fällt mir schwer«, sagte Jago
verlegen.

»Warum denn, Jago?«

»Meine Oma ist letztes Jahr gestorben und
zu Hause wollte niemand darüber reden, was
mit ihr geschehen ist. Ich habe mich gefragt,
wo sie wohl hingegangen ist.«

»Das ist eine hervorragende Frage, Jago. Für viele Menschen auf der Erde bedeutet der Tod das Ende, aber in Wirklichkeit ist es nur ein Übergang. Immer wenn jemand stirbt, wird er von einem Engel über eine Brücke vom Erdenreich zum Reich der Seele geführt. In deinem Leben auf der Erde hast du so etwas wie einen Mantel an, den du über deine Seele gelegt hast. Wenn es Zeit ist zu gehen, legst du diesen Mantel ab und gehst weiter zum nächsten Lebenszyklus.«

»Kann ich einen solchen Engel des Todes mal sehen?«, fragte Jago ängstlich, da er sich nicht ganz sicher war, ob er wirklich einen kennen lernen wollte.

Vor ihm erschien dann ein himmlischer Engel, umgeben von den leuchtendsten Farben.

»Du glaubst vielleicht, dass ich meine Arbeit bestimmt nicht sonderlich mag, Jago, aber Menschen dabei zu helfen, über die Brücke des Todes zu gehen, ist gar nicht so schlimm«, sagte der Engel. »Denk doch einmal daran, dass viele Menschen, die die Erde verlassen, alt und krank sind und genug vom Leben haben – wie deine liebe Großmutter. Sie sind bereit, weiterzugehen und freuen sich darüber, ihren alten zerknitterten Mantel abzulegen und ihre strahlende Seele neu zu entdecken. Natürlich kann das für all die

Menschen auf der Erde, die ihre Liebe verlieren, sehr traurig sein, besonders wenn ihr Leben auf tragische Weise ein schnelles Ende nahm. Aber mit dem Tod sind auch das Leid und der Schmerz vorüber und ein neues Abenteuer kann beginnen.«

»Heißt das, dass meine Oma jetzt vielleicht ein anderes Leben angefangen hat?«

»Genau! Alles, was stirbt, führt zu neuem Leben; alle neugeborenen Babys haben schon irgendein Leben hinter sich, bevor sie auf die Welt kommen. Genauso wie ich den Seelen dabei helfe, ihre Erdenexistenz zu verlassen, unterstützt der Engel der Geburt all die Seelen, die auf die Erde kommen wollen.«

Die Engel der Heilung

»Zwischen Geburt und Tod gibt es viele Möglichkeiten krank zu werden. Für all diejenigen, die an einer Krankheit leiden, gibt es Spezialteams von Engeln, die nur heilen. Manche Engel arbeiten in Krankenhäusern, zusammen mit den Ärzten und Krankenschwestern, oder auf Spielplätzen und Schulhöfen, um Kindern zu helfen, die hinfallen und sich dabei verletzen. Du brauchst sie nur zu rufen, damit sie zu dir kommen und dir neuen Mut geben. So einfach ist das. Rufe uns einfach und einer von uns wird da sein. Wir nehmen dich dann in unsere Engelflügel und dir wird es gleich besser gehen.«

Jago fühlte sich jetzt schon viel wohler, da er langsam begriff, welch große Hilfe Engel sein können.

Ich habe Engel
am Bett von Kranken gesehen;
Mit ihren sanften Stimmen
und leisen Schritten,
Standen sie zwischen Leben und Tod,
Wo gequälte Herzen
Sich in Trauer wiegen,
Stehen sie zwischen dem Leben
und dem Tod.

Anonym

59

»Jago, ich werde dich jetzt gleich verlassen müssen«, sagte Muriel. »Schau dir noch einmal den Himmel an, bevor du in dein Zimmer zurückkehrst.«

Jago hob die Augen und sah ein leuchtendes, regenbogenfarbenes Netzwerk aus Licht, das sich über ihm von Planet zu Planet und von Stern zu Stern erstreckte. Zum ersten Mal verstand er, dass das ganze Leben von einem wirklich fantastischen Netzwerk himmlischer Helfer zusammengehalten wird. Er konnte einen herrlichen Gesang am Nachthimmel wahrnehmen. Jago war noch nie so glücklich darüber, am Leben zu sein.

Am nächsten Morgen wachte Jago auf, als seine Mutter die Vorhänge in seinem Zimmer aufzog.

»Hast du gut geschlafen? Keine Albträume mehr?«

»Nein, ich habe meinen Schutzengel darum gebeten, herzukommen und mich zu beschützen – und das hat er auch getan«, antwortete Jago mit einem breiten Grinsen.

»Siehst du, ich habe dir ja gesagt, dass wir alle einen Schutzengel haben. Zum Leben gehört einfach mehr als das, was wir tagsüber sehen.«

Jago nickte, aber nicht, weil er seiner Mutter zustimmte. Er wusste jetzt, dass sein Leben von nun an nicht mehr wie früher sein würde – mit Muriel und einer Menge anderer helfender Engel an seiner Seite.

Literatur

An Angel A Week, New York 1992.

Angels – A Journal, San Francisco 1995.

Angels – A Joyous Celebration, Philadelphia und London 1996.

Barger, Jan: *In the Charge of an Angel – A Celebration of Angels in Pictures and Words*, Oxford 1997.

Beilenson, Esther L.: *Angels are Forever*, New York 1994.

Biriotti, Sophia (Hrsg.): *The Possibility of Angels – A Literary Anthology*, San Francisco 1997.

Bloom, William: *Working with Angels, Fairies and Nature Spirits*, London 1998.

Davidson, Gustav: *A Dictionary of Angels*, New York 1971.

Goddard, David: *The Sacred Magic of the Angels*, York Beach 1996.

Goldman, Karen: *Wenn Flügel sich berühren – Das kleine Engel-Brevier*, München 1994.

Guiley, Rosemary Ellen: *Encyclopedia of Angels*, New York 1996.

Hodson, Geoffrey: *Die Bruderschaft der Engel und Menschen*, Düsseldorf 1982.

Letts, Charles: *The Gilded Angels*, London 1993.

MacLean, Dorothy: *Du kannst mit Engeln sprechen*, München 1997.

Parker, Julia: *Welt der Astrologie*, Neuhausen 1998.

Sheldrake, Marianne: *The Crystal Healer*, Saffron Walden 1999.

Taylor, Terry Lynn: *Messengers of Light*, California 1990.

Quellenangaben

1. William Shakespeare: *Der Kaufmann von Venedig*, Verlag der Autoren, Frankfurt am Main 1981, S. 92.

2. *Lutherbibel*, revidierter Text 1984, durchgesehene Ausgabe in neuer Rechtschreibung, Deutsche Bibelgesellschaft, Stuttgart 1999, S. 595.

3. Ebd., S. 273.

4. Ebd., S. 285.

Joanna Crosse war als Journalistin und Nachrichtensprecherin tätig. Sie führt derzeit eine Werbe- und Produktionsfirma, ist Autorin mehrerer Bücher und lebt in Bath, England, mit ihrem Mann und drei Kindern.

Olwyn Whelan, ausgebildet in visueller Kommunikation und Bildgestaltung, arbeitet als Kartoonistin und Illustratorin für schottische Zeitungen. Sie illustrierte bereits zahlreiche Kinderbücher.